QUELQUES NOTES

SUR

M. DE DOMBASLE

ET

SUR L'INFLUENCE QU'IL A EXERCÉE.

PAR UN ÉLÈVE DE ROVILLE.

---

*C'est le nombre du peuple, et l'abondance des aliments,
qui font la vraie force et la vraie richesse d'un royaume.*
(FÉNÉLON, *Télém.* liv. XXII)

NANCY.

M DCCC XLVI.

Ces notes ont été rédigées pour servir d'introduction
à la 8ᵉ édition du Calendrier du Bon Cultivateur. Il en a
été tiré à part quelques exemplaires, pour être offerts
aux anciens correspondants et aux élèves de M. DE
DOMBASLE. Un second tirage plus nombreux en a été
fait, pour être distribué aux cultivateurs lorrains.

QUELQUES NOTES

SUR

M. DE DOMBASLE

ET

SUR L'INFLUENCE QU'IL A EXERCÉE,

***

Lorsque M. DE DOMBASLE, en 1821, publia pour la première fois son *Calendrier du Bon Cultivateur*, il était déjà membre de plusieurs sociétés savantes françaises et étrangères ; il était connu par d'ingénieuses recherches chimiques, et par des travaux industriels, trop promptement suivis de désastreux revers ; il se livrait depuis plusieurs années à l'essai et déjà même à la propagation des instruments perfectionnés d'agriculture, dans l'adoption desquels il sentait qu'il y avait toute une révolution agricole. C'était donc dès lors un homme utile à son pays, voué par goût et par patriotisme à des travaux dont l'importance n'était pas comprise alors comme elle l'a été depuis : mais il n'était pas encore parvenu à ce degré de célébrité et d'affectueuse popularité où il s'est élevé pendant les vingt dernières années de sa vie. Ce fut l'année d'après que M. de Dombasle mit à exécution la grande résolution qu'il méditait déjà depuis long-temps, et à laquelle il consacra si courageusement le peu de forces que lui laissait une santé délabrée, soutenues par la foi dans l'avenir, la volonté de faire le bien et l'espoir de retour à une meilleure fortune.

Aujourd'hui que le mot d'agriculture est dans toutes les bouches ; aujourd'hui qu'on embrasse la carrière agricole comme toute autre carrière, et même de préférence à d'autres carrières industrielles; aujourd'hui que les intérêts agricoles, sans être traités encore avec la même faveur que les intérêts industriels ou commerciaux, sont, du moins, représentés dans notre haute administration par des fonctionnaires qui ne viennent plus faire entendre, à la tribune, cette singulière plainte, que l'agriculture en France produit trop ; aujourd'hui qu'il est de bon ton de s'occuper des choses rurales, et qu'une manifestation de sympathie qui va quelquefois jusqu'à l'impatience, réclame par tous les moyens, possibles ou non, ce qu'on est convenu d'appeler l'amélioration ou l'organisation de l'agriculture, on se souvient à peine qu'il y a vingt-cinq ans, les idées dominantes sur la vie rurale étaient bien différentes de ce qu'elles sont aujourd'hui.

Soit que l'éclat d'une période de gloire militaire, sé-
vèrement expiée, éblouit encore les esprits; soit que
d'anciennes idées sur les démarcations sociales exer-
çassent encore cette influence qui ne peut disparaître
aussi promptement dans les mœurs que dans les lois,
et qui ne s'efface que par le renouvellement successif
de plusieurs générations; il est certain qu'en 1821 la
vie pratique de cultivateur était encore regardée
comme le partage exclusif de la portion la moins
aisée et la moins éclairée de la population. Déjà l'on
voyait, il est vrai, dans diverses contrées de la France,
quelques belles exploitations bien administrées, et
donnant l'exemple d'intelligentes améliorations : mais
ces exploitations, où quelques hommes d'élite avaient
su se créer l'aisance et le bonheur, étaient toutes des
domaines cultivés par leurs propriétaires. Ce fut donc
une belle et noble pensée que celle qui vint éclore
dans le cœur de M. de Dombasle, lorsque, cédant à
ses seules inspirations, il prit une résolution que
quelques-uns allèrent jusqu'à traiter de folie, celle
de se faire cultivateur, celle de prouver que la carrière agricole n'est point inférieure aux autres in-
dustries, et qu'on peut trouver ailleurs que dans
les villes des occupations honorables, et recueillir
au milieu des champs la récompense due à toute vie
laborieuse. C'est réellement de cette époque que date
la célébrité de M. de Dombasle, car ce fut alors qu'il
commença de remplir, avec un dévouement qui ne
s'est jamais ralenti, cette grande mission qu'il ne
tenait que de lui, et dans laquelle, trop souvent, il
n'a trouvé de secours qu'en lui, en faisant d'un petit
village de la Lorraine un foyer d'où se répandirent

pendant vingt ans, comme des rayons vivifiants, ses conseils, ses leçons, ses livres, ses instruments. Pendant ces vingt années, il s'est fait de profondes modifications dans les idées sociales comme dans les pratiques rurales. La part qui revient à M. de Dombasle dans ces modifications est bien grande, j'ai presque dit immense, et forme son plus beau titre à la reconnaissance publique, qui ne s'est point trompée en personnifiant en lui les progrès agricoles dont nous sommes les heureux témoins, et en réclamant pour son image le plus grand honneur auquel puissent aspirer les hommes assez heureux pour avoir bien mérité de la patrie.

Quelques années plus tôt, M. de Dombasle eût pu cultiver ses propres terres ; mais par une fatalité providentielle, et comme pour rendre son dévouement plus complet et son exemple plus persuasif, des désastres récents ne lui avaient laissé que des charges. Il fallait qu'il passât par toutes les tribulations, et qu'il offrît, dans toute sa rigueur, le spectacle d'un homme luttant contre la mauvaise fortune sans se laisser abattre, puisant en quelque sorte de nouvelles forces dans ses revers, et n'abandonnant une entreprise malheureuse que pour s'efforcer de réussir dans une autre. C'est là, si je ne me trompe, un des traits les plus remarquables de M. de Dombasle : c'est par là que je l'ai admiré avant de le connaître, et ce sentiment de respectueuse admiration n'a fait que s'accroître à mesure que je l'ai connu davantage. S'il eût été courageux au milieu des camps comme tous ceux de son pays, je n'en parlerais pas ; car il y a longtemps qu'on a dit que le courage est une plante qui croît spontanément sur le sol de la France, et M. de Dombasle militaire n'eût fait qu'ajouter un nom de plus aux noms illustres qu'a fournis en si grand nombre l'ancienne Lorraine. Mais, dans sa lutte avec la mauvaise fortune, dans la force morale déployée par lui, il y a une grande leçon qui trop souvent, hélas ! peut trouver son application ; car le nombre est bien grand, et le sera toujours, de ceux qui auront besoin d'opposer à l'adversité cette résignation active qui est le vrai préservatif contre le découragement, et cette obstination forte qui constitue une sorte de courage civil, qu'on peut bien admirer à l'égal du courage militaire.

Décidé à chercher dans la carrière agricole des succès qui venaient de lui échapper dans la carrière industrielle, M. de Dombasle comprit tout d'abord que s'il n'employait que les moyens ordinaires, d'un usage général à cette époque, il n'obtiendrait pas d'autres résultats que la masse des cultivateurs, c'est-à-dire, beaucoup de peine et peu de profit. Or, dans la position où il se trouvait alors, il devait aspirer à de plus grands succès. D'une fortune patrimoniale considérable, il ne lui restait rien, et même il se trouvait débiteur envers sa famille d'une forte somme qu'il avait le désir ardent d'acquitter, comme il l'a fait depuis. C'était donc pour lui une nécessité de travailler et un devoir de travailler avec succès : et par un sentiment bien louable et qui mérite aussi d'être proposé en exemple, tout en travaillant pour lui, il ne voulut travailler que dans son pays et pour son pays.

Voilà donc un homme seul, sans appui, sans capitaux, presque sans crédit, arrivé à l'âge où souvent on regarde le repos comme un droit; le voilà qui, après avoir réuni péniblement un capital bientôt insuffisant, entreprend non-seulement l'exploitation d'une ferme d'une étendue considérable et d'une culture difficile et ingrate, mais, dès son début, il a la noble ambition d'appeler sur cette ferme l'attention publique, en lui donnant le titre d'établissement agricole exemplaire. Avant lui on commençait bien à comprendre le besoin d'une instruction spéciale appliquée non aux agents subalternes des travaux rustiques, mais aux propriétaires exploitants ou à la classe des fermiers déjà éclairés par les bienfaits d'une première éducation : mais il n'existait pas en France un seul établissement où se pratiquât cet enseignement traditionnel : c'était seulement dans les livres que pouvait se puiser une instruction souvent fausse et bientôt insuffisante. M. de Dombasle voua sa ferme à devenir un vaste champ d'expériences où les leçons seraient constamment appuyées sur l'observation des faits. Il réalisa en France le premier institut agricole, et bientôt on vit les visiteurs et les élèves affluer près de lui, et un petit village de la Meurthe devenir, ainsi que je l'ai dit déjà, un foyer d'où se propagèrent pendant vingt ans les leçons de M. de Dombasle, ses conseils, ses livres et ses instruments.

Pendant un quart de siècle, M. de Dombasle a été consulté, de vive voix ou par écrit, sur un bien grand nombre de questions. Les conseils qu'il a donnés verbalement ne subsistent que dans la reconnaissance de ceux qui les ont reçus; et la volumineuse collection de ses lettres atteste que ses nombreux correspondants ont toujours été accueillis avec aménité, et n'ont jamais fait un appel infructueux à son expérience et à sa loyale franchise.

Ses leçons, qui elles-mêmes n'étaient que des conseils, d'autant plus persuasifs qu'ils étaient débattus avec une entière liberté de discussion, entre lui et ses interlocuteurs ; ses leçons, toujours exemptes de toute forme dogmatique, et où l'autorité du maître semblait s'effacer devant la bienveillance du père ; ses leçons qui ont laissé de si doux souvenirs dans le cœur de tous ceux qui les ont reçues, ont été avidement recueillies par près de quatre cents élèves, dont un grand nombre tient aujourd'hui un rang distingué parmi nos bons agriculteurs, et quelques-uns parmi nos meilleurs écrivains agricoles.

La puissance qu'exerça M. de Dombasle par ses livres fut bien grande. Avant lui il existait en France une nombreuse littérature agricole, dans laquelle perçait trop souvent l'influence des succès académiques ou des travaux de cabinet. M. de Dombasle, en se plaçant à la tête des praticiens, prit aussi la première place parmi les écrivains agricoles. Il ouvrit une ère nouvelle à la science de l'agriculture, en la faisant reposer non sur des hypothèses, des systèmes, des analyses chimiques, mais sur cette grande loi qui régira toujours la science, et dont, probablement, nous n'aurons jamais le dernier secret, la loi des faits. Dans cette carrière, il replaça la discussion sur son véritable terrain, prenant pour théâtre le sol, avec toutes ses nuances et ses influences diverses, et pour guide, l'observation des faits. C'est sous cette inspiration qu'il a publié ses nombreux écrits. Son premier ouvrage, le Calendrier du Bon Cultivateur, signala un habile praticien, comme bientôt les Annales de Roville révélèrent le publiciste, l'économiste, le vrai philanthrope, et par dessus tout l'homme de bonne foi. Puis, pendant vingt ans, on le vit, au milieu d'occupations qui semblaient dépasser les facultés d'un seul homme, trouver encore assez de loisir pour publier de temps en temps quelques écrits, toujours avidement reçus, toujours empreints de la plus noble indépendance, sur une foule de questions qui, sans être essentiellement du domaine de l'agriculture, se rattachaient aux grands intérêts nationaux, avec lesquels les intérêts agricoles ont tant de points de contact. Dans toutes ces publications, écrites avec une remarquable lucidité, et presque toujours répandues avec une généreuse profusion, un caractère dominant, c'est la noble candeur, c'est la franchise d'un homme qui n'hésite jamais à présenter loyalement ses opinions, même au détriment de son intérêt ou de son amour-propre.

Dans la position où s'était placé M. de Dombasle, dont les premiers travaux agricoles ont été une longue série d'expériences, il était impossible qu'il ne tombât pas d'abord dans quelques illusions. Bien d'autres eussent gardé le silence : quelques esprits tranchants eussent même écarté dédaigneusement les leçons des faits, pour se retrancher dans l'absolutisme des doctrines, qui, suivant eux, sont des principes qui ne peuvent avoir tort. M. de Dombasle comprenait autrement ses devoirs envers le public : aussi, quelquefois, lui est-il arrivé de dire avec cette fran-

chise qui n'est autre qu'une haute moralité : je me
suis trompé; prenez garde, en suivant mon exemple,
de tomber dans la même faute... Nobles aveux, qui
relèvent bien haut la dignité de celui qui les fait. Et
pourtant, il faut bien le dire, il s'est rencontré, en bien
petit nombre, heureusement, quelques esprits faux
ou envieux, qui ont cru se faire un mérite en prenant le triste plaisir de signaler en M. de Dombasle
ce qu'ils ont appelé les variations notables dans ses
principes. Comme si M. de Dombasle n'était pas allé
lui - même au - devant de ce reproche, et n'eût pas
justifié à l'avance cette prétendue versatilité, que
comprendront bien tous ceux qui se sont occupés
d'agriculture autrement que dans des livres, dans
des jardins ou dans des laboratoires. En effet, voici
ce qu'on lit en tête de la 3e édition du Calendrier du
Bon Cultivateur, publiée en 1830 : «..... Aussi sou-
» vent qu'il est arrivé que de nouveaux faits sont
» venus modifier mes opinions sur quelque point de
» pratique, je n'ai pas hésité à changer les indica-
» tions ou les conseils que je soumets aux personnes
» qui se livrent à l'art de cultiver la terre. Je ne sais
» si, dans l'esprit de quelques hommes, des variations
» de ce genre ne formeront pas un sujet de reproche;
» quant à moi, j'avoue que j'y ai vu le seul moyen
» de justifier la confiance que le public agricole a
» bien voulu m'accorder....»
Voilà bien le langage de la prudence et de la bonne
foi : M. de Dombasle qui sentait toute l'importance
de sa tâche, en sentait aussi toutes les difficultés, et
n'avait pas la présomption d'espérer l'accomplir sans
rencontrer quelques obstacles, sans commettre quel-

ques fautes : et il connaissait assez certains hommes pour s'attendre que l'aveu de ces fautes fournirait contre lui une occasion de reproches. Mais j'en appelle ici à tous ceux qui ont suivi ses travaux et ses écrits : de semblables reproches sont au contraire un éloge; car c'est par cette généreuse franchise qu'il a pris une place éminente dans l'estime, dans la confiance, dans la reconnaissance des véritables agriculteurs, qui ont vu en lui un homme assez loyal pour vouloir que ses erreurs servent d'enseignement aussi bien que ses succès.

Dans toutes les professions, la perfection et le succès des résultats tiennent surtout à la bonne confection des instruments. Cette vérité n'avait pu échapper à M. de Dombasle qui, dès sa jeunesse, se livra à la pratique de quelques arts dans lesquels son esprit sérieux et laborieux ne cherchait alors qu'une distraction. Plus tard, par un enchaînement trop long à exposer ici, ses travaux chimiques l'amenèrent à la pratique de l'agriculture, dont il avait contracté le goût dès son enfance. L'étude des meilleurs auteurs anglais et allemands, et plus encore ses longues méditations, l'avaient convaincu que l'agriculture française, ayant à s'exercer sur un sol aussi favorisé que celui d'aucune autre région de l'Europe, ne devait son infériorité qu'à des causes qu'il n'était point impossible de faire disparaître, parmi lesquelles se présentaient en première ligne la pénurie des capitaux, l'insuffisance de l'instruction et, plus que tout cela, peut-être, l'emploi d'instruments défectueux. Sans doute M. de Dombasle n'a jamais espéré suffire seul à l'entreprise de rompre cette triple entrave de l'agriculture française. Il savait bien que les révolutions d'idées et plus encore, de pratiques, sont toujours lentes : il avait été témoin de bien des efforts, il avait vu publier bien des écrits destinés à réveiller la classe si nombreuse des cultivateurs de la longue indolence où elle était plongée : mais, homme d'action, il voulut ajouter à ces efforts et à ces écrits la puissance de l'exemple, et, animé de ce dévouement qui prend sa source dans une conviction profonde et sa force dans un vrai patriotisme, il entra courageusement dans la lutte, avec le pressentiment d'en sortir victorieux.

Il éprouvait, ainsi que je l'ai dit déjà, dans toute son amertume, la pénurie des capitaux ; et pourtant il sentait qu'il lui en fallait beaucoup pour l'accomplissement de son plan. Pour obvier à ce premier embarras, il ne craignit pas de contracter un emprunt de quarante mille francs, que bientôt il dut presque doubler ; emprunt qui fait autant d'honneur à ceux qui l'ont fourni, qu'à celui qui le contractait pour en faire un si bon usage.

Sous le rapport de l'instruction, M. de Dombasle était beaucoup plus riche, et peut-être même serait-il vrai de dire qu'il l'était trop. Il avait beaucoup lu, beaucoup appris et beaucoup médité : déjà, pendant plusieurs années, il avait dirigé des opérations de culture : mais, alors, il habitait la ville, et, ainsi qu'il l'a dit souvent depuis, il lui manquait encore cette bonne et saine instruction qui ne peut s'acquérir qu'au milieu d'une ferme : il sentit donc bientôt le besoin de descendre, en quelque sorte, des hauteurs de la science, de laisser en oubli celles de ses connaissances primitivement acquises qui ne lui étaient d'aucun secours, si même elles n'étaient pas plutôt pour lui une cause d'illusions, afin de prouver que si un bon cultivateur ne doit pas suivre aveuglément toutes les pratiques routinières, il n'a pas besoin non plus d'être un savant; mais que la vraie science agricole, c'est celle qui s'éclaire constamment de l'observation des faits, parce que ce sont les faits bien observés qui seuls présentent une véritable importance pratique, et constituent le plus utile corps de doctrine pour un cultivateur; tandis que l'explication des causes, reposant bien souvent sur des théories conventionnelles ou conjecturales, doit rester dans le domaine du savant, mais ne serait le plus ordinairement pour le praticien qu'une occasion d'erreur et souvent de déceptions. Dans ses dernières années, M. de Dombasle a plus d'une fois gémi de la tendance scientifique que semblait prendre l'agriculture; et pourtant personne, plus sincèrement que lui, ne désirait que ses élèves et, lorsqu'il sera possible, toute la classe des cultivateurs exploitants, fussent initiés aux connaissances qui, directement ou accessoirement, peuvent contribuer à la bonne marche d'une exploitation rurale. Mais ce qu'il désirait pour eux, c'est l'instruction qui éclaire et non la science qui éblouit; une instruction solide et positive, appliquée prudemment par un esprit sage et actif, et s'appuyant constamment sur l'habitude de bien observer les faits.

Dès 1810, ainsi qu'il le dit dans ce volume, page 451, M. de Dombasle essaya quelques instruments qu'il avait fait venir de Suisse ou de Belgique et, un peu plus tard, d'Angleterre; et pour un esprit méditatif et persévérant comme était le sien, l'essai d'un instrument, c'était en quelque sorte une lutte et un engagement de l'amener au plus haut point de perfectionnement qu'on puisse attendre de la science éclairée par l'expérience. En 1817, il commença sur la charrue cette longue étude qui n'est pas encore terminée après vingt-huit ans. Dans ses premiers essais, il prit pour guide le plus grand agriculteur de notre siècle, l'illustre Thaer, dont bientôt, en 1821, il traduisit et publia le remarquable traité sur les nouveaux instruments d'agriculture. Depuis cette époque jusqu'à la fin de sa vie, M. de Dombasle n'a jamais cessé d'apporter dans la fabrication des instruments et dans les nombreuses modifications qu'il y a introduites, la sagacité et l'esprit d'observation qui le distinguaient si éminemment. Bien qu'il soit le créateur de plusieurs instruments nouveaux, on ne peut pas dire qu'il ait inventé les instruments perfectionnés ; mais il a eu le mérite de les faire connaître, de les populariser, et toujours de les modifier de la manière la plus heureuse. Avant lui, on savait bien déjà que l'Angleterre, la Belgique et l'Allemagne employaient quelques instruments ingénieusement conçus et donnant un travail meilleur ou plus prompt, tout en économisant les frais de culture. Quelques tentatives faites par divers constructeurs n'avaient jusqu'alors abouti qu'à faire admettre quelques-uns de ces instruments dans les collections de riches amateurs ou dans les galeries de quelques sociétés savantes : mais c'était à M. de Dombasle qu'était réservé l'honorable mérite de les faire passer à l'état pratique. Pour y parvenir, aussitôt que ses premiers

essais l'eurent convaincu de l'importance de leur propagation, il n'hésita pas à se faire constructeur, et
quelques années plus tard, en entrant à Roville, il ne
craignit pas d'ajouter à ses travaux déjà si nombreux,
la surveillance et l'administration d'un atelier de fabrication d'instruments ; comprenant bien que l'atelier
ainsi rapproché de la ferme, lui permettrait de faire
marcher rapidement dans la voie sans limites des per-
fectionnements cette belle et utile industrie, dont il
peut à juste titre être proclamé le créateur en France, et qui a exercé une si heureuse influence sur le
développement de la richesse publique.

Si ces notes n'étaient déjà trop longues, il ne serait
pas difficile de justifier cette dernière assertion, en
énumérant rapidement tous les bons procédés de pratique qu'a fait connaître M. de Dombasle, ou qu'il a
recommandés avec tant de persistance. Je n'en si-
gnalerai qu'un seul, les labours profonds, dont l'importance est aujourd'hui généralement comprise, et
qui ne peuvent se donner qu'à l'aide d'une bonne
charrue.

Il est aussi une institution, jeune encore, car elle ne
remonte en France qu'à vingt et un ans, mais déjà
riche en bons résultats, et qui le deviendra plus encore lorsque les conditions en seront généralement
mieux comprises. Cette institution, qui se lie intimement au perfectionnement des bons instruments, est
celle des concours de charrues. Aujourd'hui que la
France renferme plus de huit cents sociétés d'agriculture ou comices agricoles, il est peu de départe-
ments qui ne présentent chaque année l'intéressant
spectacle d'une ou de plusieurs réunions de ce genre :

et déjà l'on oublie que ce fut le 14 juin 1824 qu'eut lieu, à Roville, le premier concours de charrues, sous la direction et aux frais de M. de Dombasle, qui comprit le premier que ces solennités, toutes nouvelles dans nos mœurs, exerceraient sur la prospérité de l'agriculture, en France, une aussi heureuse influence qu'elles l'avaient fait en Angleterre. Pendant huit ans, M. de Dombasle continua ces réunions ; puis lorsqu'il vit que son exemple était imité, que son idée avait été comprise et était devenue féconde, et que les concours de charrues étaient décidément entrés dans nos mœurs agricoles, il renonça sans regret à ces fêtes d'un jour, dont l'éclat compensait imparfaitement pour lui les fatigues et les distractions dont elles étaient l'occasion.

Enfin, parmi les causes qui entravaient le développement de l'agriculture, à l'époque où M. de Dombasle prit la résolution de se faire fermier, j'aurais dû mentionner aussi la brièveté des baux. L'opinion erronée que partagent encore un grand nombre de propriétaires, en croyant qu'un long bail est presque une dépossession de leur droit ; cette opinion dont le résultat est de décourager par avance les efforts des fermiers, et par conséquent de priver les terres des améliorations foncières qui en augmenteraient la valeur et la rente pour l'avenir ; cette opinion s'est un peu modifiée depuis vingt-cinq ans ; mais, alors, elle était dans toute sa force, et on peut se rappeler encore avec quel étonnement furent accueillies quelques clauses du bail de Roville, et surtout celle de sa durée de vingt ans qui, facultativement pour le fermier, pouvait être portée à quarante. C'est donc encore pour M. de Dombasle un mérite, qu'il partage avec le propriétaire de la ferme de Roville, d'avoir donné l'exemple d'un bail dans lequel, parmi ses nombreuses stipulations, on en remarque deux qui déjà ont trouvé quelques imitateurs, et qui en trouveront bien plus à mesure que les propriétaires et les fermiers auront mieux l'intelligence de leurs devoirs, de leurs droits et de leurs intérêts respectifs.

Tels sont les principaux caractères sous lesquels M. de Dombasle apparaît à ceux qui aiment à rechercher les causes de l'influence qu'il exerça sur son époque, en remplissant avec un infatigable dévouement les multiples devoirs de cultivateur, d'écrivain, de directeur d'institut et de propagateur d'instruments : et au-dessus de ces quatre moyens d'action et de persuasion, plane le grand exemple qu'il donna en se faisant fermier. Cette influence qui va toujours croissant, parce qu'elle a sa base dans le grand mouvement d'amélioration sociale qui caractérise le siècle où nous vivons, est d'autant plus remarquable qu'elle a été exercée par un homme que la simplicité de ses goûts et plus encore le sentiment de ses devoirs ont retenu pendant vingt ans dans un petit village, où il vivait inaccessible à toute idée d'ambition ou de cupidité. Sous ce rapport, M. de Dombasle retrace éminemment quelques-uns de ces souvenirs de simplicité austère qu'on aime à admirer dans les siècles antiques. Je n'ai pas l'intention de le suivre dans les différentes phases de sa vie, moins encore d'énumérer tous les services qu'il a rendus. Pour le peindre tel qu'il mérite de l'être, il faudrait un autre cadre que celui qui m'est réservé au commencement de ce volume; il faudrait aussi une main plus exercée que celle qui trace ces lignes, car, je le sens trop tard, pour parler dignement d'un tel homme, il ne suffit pas de puiser ses inspirations dans les sentiments de l'affection la plus profonde. Plusieurs de ses anciens élèves ont déjà payé à sa mémoire le tribut de l'affectueuse vénération qu'il a inspirée à tous : moi aussi, j'ai voulu essayer de remplir ce pieux devoir envers celui qui fut mon maître et dont je suis fier de pouvoir me dire le continuateur industriel ; et, pour m'assurer des lecteurs indulgents, je me suis mis sous la protection de celui des ouvrages de M. de Dombasle qui est le plus répandu parmi les véritables cultivateurs. Ayant à choisir dans une vie si bien remplie, je me suis restreint à rappeler quelques-uns des titres du fermier de Roville à la reconnaissance publique : la fondation du premier institut agricole en France ; l'introduction des concours de charrues ; la propagation des bonnes doctrines, des bonnes pratiques et des bons instruments, et, au-dessus de tout cela, l'ennoblissement de la position sociale des fermiers.

M. de Dombasle possédait une réunion bien rare de grandes qualités : une force morale à l'épreuve de toutes les adversités, s'appuyait chez lui sur un esprit d'indépendance inspiré par le sentiment de sa propre dignité : à une ardeur infatigable pour le travail, il joignait l'amour de la vérité, et un zèle aussi sincère que désintéressé pour répandre les vérités utiles : puis il possédait à un éminent degré l'esprit d'organisation et un tact d'observation s'exerçant aussi habilement sur les hommes que sur les choses. S'il lui eût été donné de diriger un grand établisse-

'ment et même une grande administration, il n'est pas douteux qu'il n'eût produit de grand résultats. Mais, réduit à ses propres ressources, n'ayant obtenu que tardivement quelques secours pécuniaires accordés avec parcimonie, on le vit, pendant vingt ans, marcher à son but, avec une persévérance et une force de volonté qui ne sauraient trop être proposées en exemple : ces vingt ans ne furent pas exempts de tribulations, de malheurs même, parmi lesquels la mort de son fils lui porta une de ces blessures qui ne guérissent jamais. Puis, à la vingt et unième année, un an après sa sortie de Roville, on vit s'éteindre une vie si honorablement remplie, au moment où il semblait appelé à jouir enfin d'un repos si bien mérité, et de la modeste indépendance à laquelle il avait toujours borné ses vœux et qu'il avait si légitimement acquise, car il la devait tout entière à ses longs travaux. ROVILLE, M. DE DOMBASLE, ces deux noms resteront à jamais unis : les décrets mêmes de la Providence ont sanctionné cette union, puisqu'ils ont voulu que M. de Dombasle quittât la vie au moment où allaient expirer ses dernières obligations comme fermier de Roville.

C'est pour la première fois que le *Calendrier du Bon Cultivateur* se présente au public sans avoir été revu par M. de Dombasle qui, dans les sept éditions précédentes, n'a jamais manqué d'introduire quelques additions, parmi lesquelles on peut citer son article sur l'administration du personnel, publié pour la première fois dans la 5ᵉ édition, et qui est une de ses plus belles inspirations, digne de servir de complément à son si remarquable article sur les succès et les revers, inséré au huitième volume des Annales de Roville.

M. de Dombasle aimait son Calendrier du Bon Cultivateur : c'était sa première publication agricole; puis, il avait trop de foi dans le bon sens des masses pour n'être pas flatté et frappé en même temps du succès d'un livre qui, sans prôneurs, sans aucun patronage, s'était en moins de vingt ans répandu au nombre de plus de vingt mille exemplaires. Ses Annales de Roville lui ont ouvert l'entrée d'un grand nombre de sociétés savantes, distinctions honorables et d'autant plus flatteuses qu'il n'a jamais fait aucune démarche pour les obtenir : mais son Calendrier l'a mis en relation avec la classe qu'il affectionnait le plus, celle des simples cultivateurs. C'est par ce volume qu'il s'est fait connaître des vrais praticiens, c'est à lui qu'il a dû en grande partie son honorable popularité. Dans la volumineuse collection des lettres qu'a reçues M. de Dombasle, il s'en trouve un bien grand nombre qui expriment, toutes avec une affectueuse reconnaissance, et quelques-unes avec une éloquente naïveté, combien ce livre a rendu de services à ceux dont la bonne volonté n'avait besoin que d'un guide sûr et de bonne foi. Parmi ces lettres, il en est une dont je ne puis résister à la tentation de placer ici un passage : elle est datée du 24 mai 1827 et se termine ainsi :

« J'ai lu aussi avec beaucoup de plaisir les secrets » de votre ami J.-N. Benoît. Je désirerais bien l'avoir

» avec moi pour quelque temps, dans une propriété
» que j'exploite à un quart d'heure de cette ville,
» dans une position des plus agréables, où nous fe-
» rions quelque chose de beau; le terrain y est très-
» facile. Aimant l'agriculture autant que vous pouvez
» l'aimer, ainsi que M. Benoît, je désirerais beaucoup
» être aidé d'un homme entendu tel que lui. Je
» vous prie de lui en faire part et de me dire ce qu'il
» en pense. Vous savez sans doute que la Loire tra-
» verse notre ville, ce qui rend le pays bien plus beau.
» En attendant votre réponse, j'ai l'honneur de vous
» saluer ainsi que votre ami Benoît.... »

Si je ne place pas ici le nom de l'auteur de cette
lettre, ce n'est pas que je craigne que personne puisse
tourner en ridicule une aussi naïve crédulité. D'ailleurs, il n'est pas le seul qui ait pris au sérieux cette
ingénieuse fiction de J[n].-N[as]. Benoît, en croyant qu'il y
avait un personnage réel derrière ce portrait si habilement tracé. Mais je suis sûr que tous ceux qui ont
eu le bonheur de connaître un peu intimement M. de
Dombasle, et qui ont pu apprécier combien il y avait
de finesse dans son esprit, de simplicité élevée et de
bon goût dans ses habitudes et dans son caractère,
comprendront que cette lettre a dû flatter son amour-
propre d'auteur autant qu'ait pu le faire aucun autre
genre de succès.

NANCY, IMPRIMERIE DE Ve RAYBOIS ET COMP.